Rund & bunt

Kaleidoskope

Inhalt

SÜDWEST

Die Welt im Kaleidoskop

Auch wenn heute die Menschen kaum mehr verzückt mit einem Kaleidoskop in der Hand durch die Straßen wandeln, ist der Zauber und die Faszination, die von dem »Schönbildschauer« ausgehen, bis heute ungebrochen.

Wisst ihr, was ein Kaleidoskop ist? Und habt ihr schon einmal etwas vom »Schönbildschauen« gehört oder von gespiegelten Spiegelbildern und optischen Spielzeugen? Aber langsam, immer der Reihe nach: Das Wort »Kaleidoskop« setzt sich zusammen aus drei griechischen Worten: »kalós« bedeutet »schön«, »eidos« heißt »Blick« und »skopein« »betrachten« oder »schauen«. So könnte man »Kaleidoskop« auch mit »Schönbildschauer« übersetzen. Das Kaleidoskop zählt zu den so genannten optischen Spielzeugen. Diese Art von Spielzeug, zu denen auch die Vorläufer des Filmes zählen, kam im 19. Jahrhundert groß in Mode.

Eine große Erfindung

Bereits zu Beginn des 19. Jahrhunderts, im Jahr 1817, erfand der schottische Naturforscher Sir David Brewster das Kaleidoskop: Es bestand aus drei Spiegeln in einem Rohr mit farbigen Glas- oder Metallteilen. Wurde es bewegt, formten sich farbige, symmetrische Muster. Diese Erfindung entwickelte sich bald zu einem der beliebtesten Spielzeuge für Kinder und auch für Erwachsene! Und sogar Dekorateure oder Teppichweber benutzten das Kaleidoskop zum Entwerfen ihrer Muster. Keine Frage, dass Sir Brewster eine Menge Geld mit seiner Erfindung machte. Stell dir nur vor: Allein in Paris wurden in den siebziger Jahren des letzten Jahrhunderts 60 000 Kaleidoskope verkauft.

Beim Drehen des Kaleidoskopes entstehen ständig neue Muster.

Das Innenleben

Im Inneren des Kaleidoskopes befindet sich ein »Winkelspiegel«, bestehend aus drei gleich großen Spiegeln. Diese bilden ein Dreieck mit Winkeln von 60 Grad. An einem Ende befindet sich ein Guckloch zum Hineinschauen, am anderen Ende ein Füllbehälter für die so genannten Vorlagen. Meist sind das bunte Glassteine und Kunststoffteile oder andere durchscheinende Materialien wie kleine Muscheln oder Blütenblätter. Am Füllbehälter sitzt eine mattierte und eine durchsichtige Glasscheibe, so dass das Licht einfallen kann. Das Bild der Glassteine wird mehrfach gespiegelt und dabei entsteht ein sternförmig-symmetrisches Bild. Beim Drehen oder Schütteln des Kaleidoskopes geraten die kleinen Gegenstände im Füllbehälter durcheinander – ein neues, faszinierendes Muster entsteht. Auf diese Weise kann man unendlich viele verschiedene Bilder erzeugen.

Das Guckloch

Vorne am Kaleidoskop ist ein Guckloch, das wie bei einer Kamera als eine Art Blende funktioniert. Eine Blende ist ein kleines Loch, das nur wenig Licht durchlässt. Wie der Name schon sagt, blendet eine Blende Licht aus, das das Auge beim Wahrnehmen, also beim Sehen, stört. Sie gibt so den ungestörten Blick auf den Gegenstand, der betrachtet wird, frei. Die Blende kann eine Lupe oder ein Fernrohr ersetzen. Wenn du einen Gegenstand mit einer Blende oder einem Guckloch betrachtest, kannst du ihn auch aus großer Entfernung scharf sehen. Probiere es einfach aus, wenn du ein Guckloch für dein Kaleidoskop gebaut hast.

Aus dem Guinessbuch der Rekorde: Wie groß ist das größte Kaleidoskop der Erde? Es ist ganze drei Meter lang und hat einen Durchmesser von etwa einem Meter. Gebaut wurde es hier in Deutschland, genauer in Suhlendorf. Und von wem? Vom Kaleidoskopmeister Holger Danneberg.

Die Spiegel

Wichtigster Bestandteil eines Kaleidoskopes sind die Spiegel. Was ist eigentlich ihre Aufgabe, wozu sind sie gut? Spiegel werfen Lichtstrahlen zurück, das nennt man Reflexion. Dabei trifft der Lichtstrahl auf einen Spiegel mit glatter Oberfläche im gleichen Winkel auf, mit dem er auch wieder austritt. Spiegel kannte man bereits im alten Ägypten etwa 2000 vor Christus. Dort waren sie aus glatt polierter Bronze oder Kupfer gefertigt. Frauen und Männer benutzten sie gleichermaßen, um sich die Augen zu schminken oder die Perücke in Form zu bringen. Aber nicht nur aus Gründen der Eitelkeit wurden Spiegel verwendet. Vor allem in der Zeit des Barock setzte man sie ein, um optische Effekte zu erzielen: In Schlössern erreichte man beispielsweise mit Hilfe riesiger prunkvoll verzierter Spiegel den Eindruck von Weite und Helligkeit.

Die Spiegelbilder des Kaleidoskopes haben etwas Märchenhaftes.

Die Vorlagen kopieren

Du kannst dir gar nicht vorstellen, wie ein Gerät mit einer solch geheimnisvollen Wirkung zusammengesetzt ist? Und auch noch selber bauen? Keine Bange. Schon beim Kopieren der Vorlagen für dein Kaleidoskop wird dir so manches klar. Also los! Tonkarton und Transparentpapier herbei, dein Kaleidoskop wartet auf ein hübsches Gehäuse.

Material
- Tonkarton
- Transparentpapier
- Bleistift; Lineal
- Klebestreifen
- Papierschere
- Nagelschere
- Cutter
- Schneideunterlage

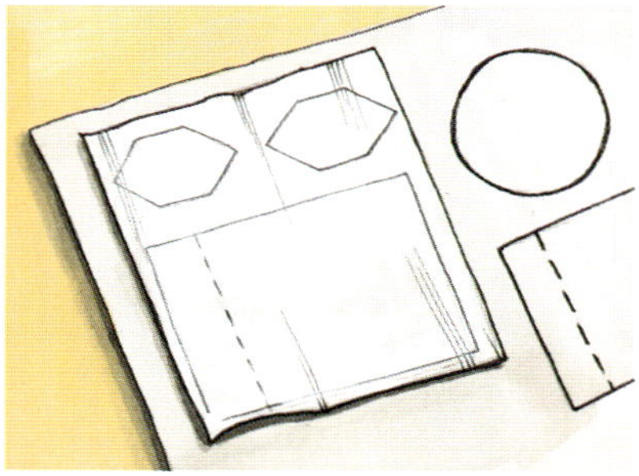

1 Zuerst paust du die einzelnen Bauteile für dein Kaleidoskop von der Vorlage ab: Lege das Transparentpapier so auf die Vorlage, dass das Teil, das du kopieren möchtest, darunter liegt.

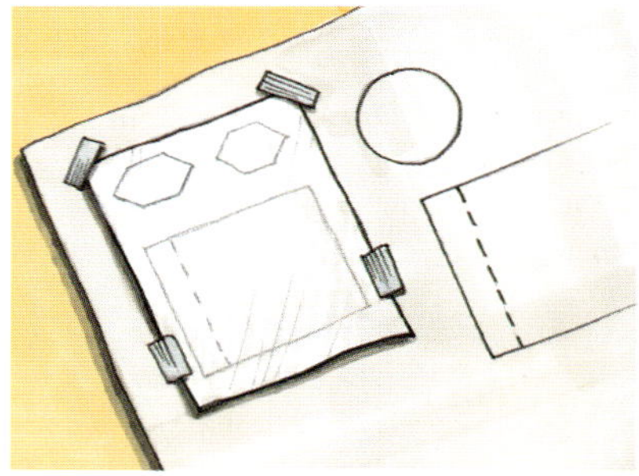

2 Damit das Transparentpapier während des Zeichnens nicht verrutschen kann, befestigst du es an den Rändern mit Klebestreifen. Dann zeichnest du die Vorlage mit dem Bleistift durch.

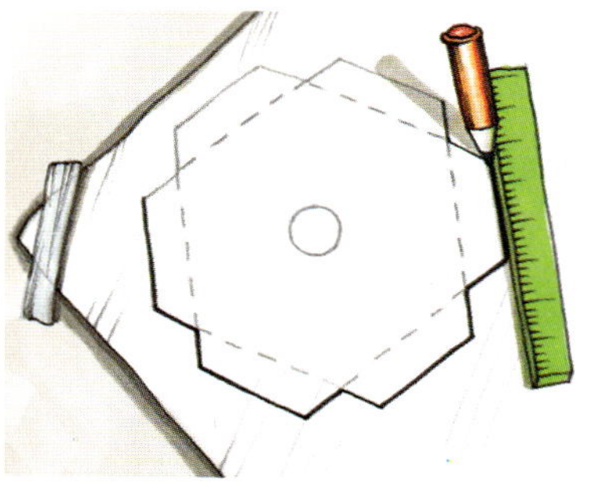

3 Da die Linien fast immer gerade sind, ziehst du sie auf dem Transparentpapier am besten mit Lineal und Bleistift nach. Auf diese Weise erhältst du auch auf deiner Vorlage schöne gerade Linien.

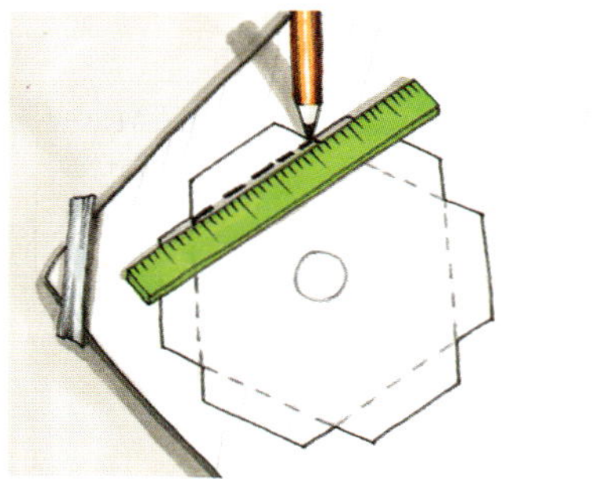

4 Die durchgezogenen Linien sind die Außenkanten der einzelnen Teile. Die gestrichelten Linien sind Falzkanten. Vergiss beim Übertragen die gestrichelten Linien nicht!

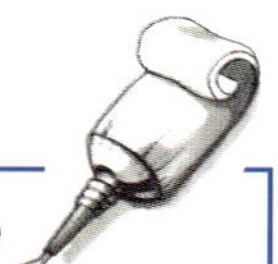

Übertrage die Maße der Vorlagen genau. So passen die einzelnen Bestandteile deines Kaleidoskopes später beim Zusammenbauen auch problemlos zusammen.

5 Übertrage die Formen des Transparentpapieres auf den Tonkarton. Lege das Papier mit der bemalten Seite nach unten auf den Tonkarton und befestige es an den Rändern mit Klebestreifen.

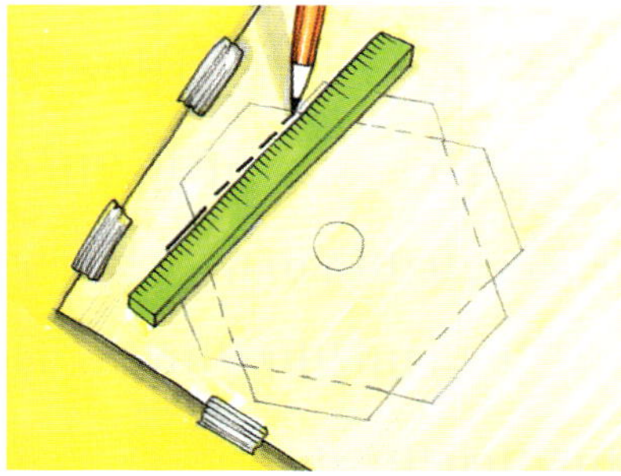

6 Fahre nun mit Lineal und Bleistift exakt die gezeichneten Linien nach. Durch den Druck des Bleistiftes beim Nachziehen drücken sich die gezogenen Linien auf dem darunter liegenden Papier ab.

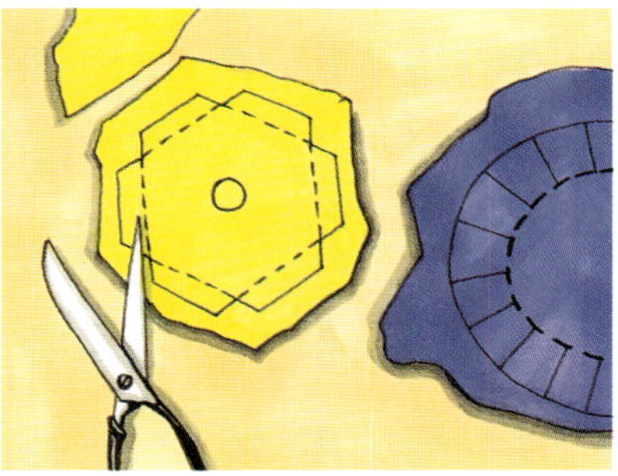

7 Wenn du alle benötigten Teile auf den Tonkarton übertragen hast, prüfst du, ob auch alle gestrichelten Linien durchgezeichnet sind. Dann schneidest du mit der Papierschere alle Teile großzügig aus.

8 Schneide nun alle Tonkartonteile exakt aus. Lege ein Lineal an die Linie und fahre sie kräftig mit dem Cutter nach (Schneideunterlage!). Schneide alle Transparentpapierteile mit der Schere exakt aus.

Sichtbares Licht ist eine Form von elektromagnetischer Strahlung. Auch ultraviolettes Licht, Infrarotlicht, Röntgenstrahlung und Radiowellen sind elektromagnetische Strahlungen. Die verschiedenen Strahlungen haben unterschiedliche Wellenlängen. Je gefährlicher die Strahlung ist, um so kürzere Wellenlänge und größere Energie hat sie (z. B. Röntgenstrahlung). Je ungefährlicher die Strahlung ist, um so länger ist die Wellenlänge und niedriger die Energie (z. B. Radiowellen).

Bereits unser kleines Grundkaleidoskop stellt deine Welt völlig auf den Kopf. Dein Zimmer: eine verrückte Welt von Farben und Formen; aus einer kleinen Wolke am Himmel entsteht ein weißes Wolkenmeer, ein Spaziergang durch den Garten gerät zu einer bunten Farbenexplosion.

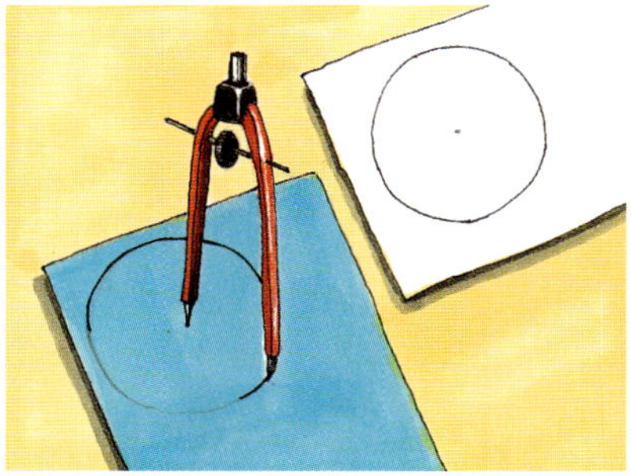

9 Zum Ziehen von Kreisen arbeitest du am besten mit einem Zirkel. Dazu nimmst du mit deinem Zirkel den Kreisradius von der Vorlage ab und überträgst den Kreis auf Papier oder Karton.

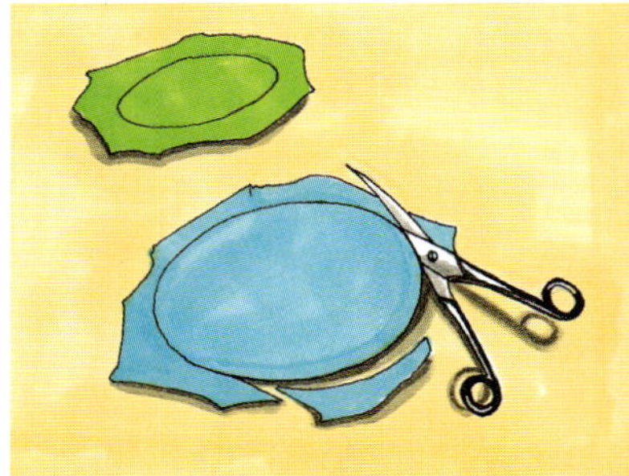

10 Beim Ausschneiden der Kreise schneidest du die Form zuerst mit der Papierschere großzügig aus dem Karton aus. Danach schneidest du den Kreis mit einer Nagelschere exakt aus.

11 Etwas schwieriger sind die kleinen Gucklöcher auszuschneiden. Hier arbeitest du ebenfalls mit der Nagelschere. Schneide dabei nur vorsichtig mit der Spitze der Schere.

12 Wenn du das Loch fertig ausgeschnitten hast, durchstichst du es von der Außenseite mit einem Bleistift. So werden Unregelmäßigkeiten geglättet. Innen überstehende Kanten abschneiden.

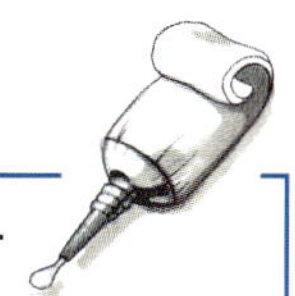

Zum Übertragen von geraden Linien ist es am besten, mit einem Lineal zu arbeiten. Dann verwackelst du die Linie nicht und erhältst auf diese Weise eine exakte Vorlage.

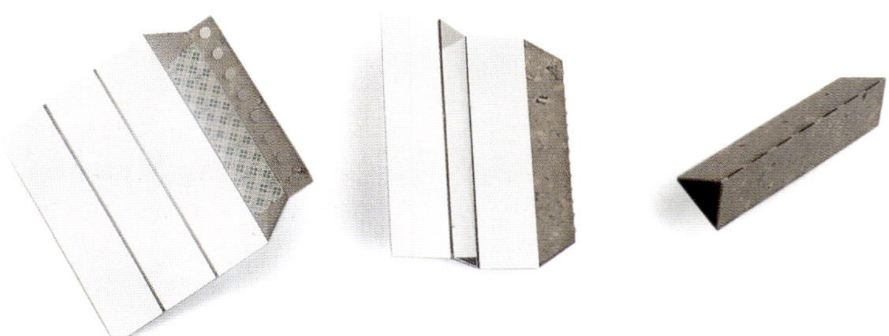

Das Geheimnis der Spiegel

Ein Kaleidoskop enthält im Inneren drei gleich große Spiegel. Die Spiegel reflektieren das Licht und erzeugen auf diese Weise die typischen sternförmigen Muster. Diesem Buch ist ein Bausatz von Spiegeln beigefügt. Ehe du eine schöne äußere Hülle für dein Kaleidoskop bauen kannst, musst du das eigentliche Spiegelkaleidoskop anfertigen.

Material

Bausatz mit Kaleidoskopspiegel

Eventuell Gummiringe

1 Nach dem Bemalen des Kartons ziehst du die Schutzfolie von den drei Spiegelteilen ab. Knicke dann nacheinander die Kartonteile an den Falzlinien so um, dass die Spiegel einander zugewandt sind.

2 Die drei Spiegel bilden jetzt ein Dreieck, die Klebelasche mit dem Klebestreifen liegt außen. Dehne den Karton entlang der Falzlinien ein wenig, damit die Spiegel exakt aufeinandertreffen.

3 Ist der Karton genügend gedehnt, stoßen die Spiegel im Inneren genau aufeinander. Ziehe die Folie vom Klebestreifen ab und klebe die Lasche außen auf den Karton. Fest andrücken.

4 Der Spiegeltest: In der Mitte siehst du deine Umgebung ganz normal, aber die Außenspiegel erzeugen ein Spiegelbild deiner Umgebung und auch noch ein Spiegelbild dieses Spiegelbildes.

Die Spiegel im Inneren eines Kaleidoskopes stoßen jeweils in einem Winkel von 60 Grad aufeinander. Das ergibt dann die dreieckige Form des Kaleidoskopes. Die Spiegelflächen sind natürlich nach innen gerichtet. Aber das weißt du ja schon längst.

Die Füllung

Das Wichtigste an einem Kaleidoskop ist – neben den Spiegeln natürlich – die Füllung. Besonders schöne Bilder machen bunte, geschliffene und durchsichtige Glas- oder Plastikelemente. Auch kleine Murmeln, Glasknöpfe, Naturmaterialien wie Blüten oder Muscheln lassen Bilder voll Schönheit und Zauber entstehen.

Material für Füllungen:

Farbige Strohhalme; bunte Federn; kleine durchsichtige Muscheln; Glitter und Goldsternchen; Seidenpapier; kleine durchsichtige Stäbchen aus Plastik; tropfenförmige Muggelsteine; kleine Murmeln; stäbchenförmige durchsichtige Glasperlen; bunte Glasperlen; kleine farbige, durchsichtige Knöpfe; getrocknete Blütenblätter

Hilfsmittel:

Schneideunterlage

Schere; Cutter

1 Einige der Materialien sind bereits gebrauchsfertig und du gibst sie nur noch in den Füllbehälter; zum Beispiel kleine Murmeln, durchsichtige Knöpfe, kleine Plastikteilchen oder Glasperlen.

2 Andere Materialien wie beispielsweise kleine Muscheln prüfst du erst auf ihre Durchsichtigkeit. Halte sie vor deinem Auge gegen das Licht und du siehst sofort, ob sie sich eignen.

3 Seidenpapier verarbeitest du, indem du es in kleine Stücke reißt, die etwa so groß sind wie dein Fingernagel. Füll deine Dose damit nicht zu stark und schau zur Probe mit dem Kaleidoskopspiegel durch.

4 Blütenblätter trocknest du zuerst. Lege sie dazu auf einen Teller. Die Blütenblätter einer kleinen Rose sind bereits klein genug. Größere Blütenblätter zerteilst du wieder in kleine Stücke.

Prüfe vor dem Einbau, ob dir die Füllung gefällt!

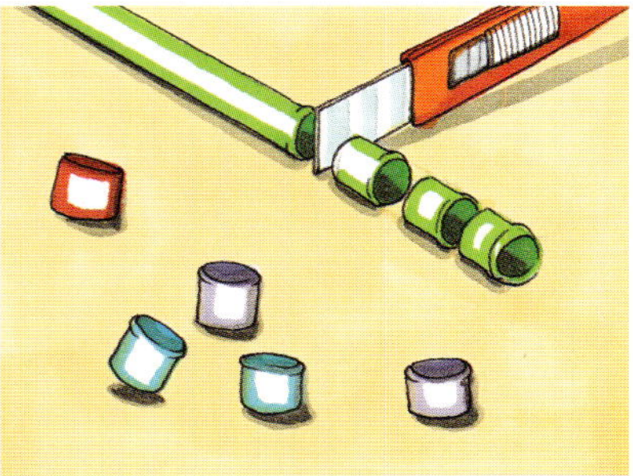

5 Auch farbige Strohhalme eignen sich hervorragend als Füllung. Schneide verschiedenfarbige Strohhalmscheiben in einer Länge von etwa 2 bis 3 mm ab und gib sie in den Füllbehälter.

6 Bei farbigen Federn schneidest du unten am Federkiel kleine Stückchen der Feder ab. Achte darauf, dass du immer einen Teil vom Kiel mit abschneidest, so erhält die Feder mehr Gewicht.

Obwohl das Kaleidoskop in erster Linie als reines Spiel betrachtet wird, haben sich immer wieder Künstler und Kunsthandwerker wie Teppichweber, Grafiker und heute Designer der phantastischen Muster bedient, die sich in dem Instrument bilden lassen. Es ist bestimmt einmal einen Versuch wert, ein schönes Muster nachzumalen.

Fülle die Dose oder den Behälter nicht mit zu vielen Teilchen. Sie sollten frei beweglich in der Dose liegen, damit beim Drehen deines Kaleidoskopes immer wieder neue Bilder entstehen können.

Das dreieckige Kaleidoskop

Ab 8 Jahren unter Anleitung eines Erwachsenen

Beim Aufbau des Kaleidoskopes stehen drei gleich große Spiegel in einem bestimmten Winkel zueinander und bilden eine dreieckige Form. Bei diesem einfachen dreieckigen Kaleidoskop bleibt die Form des Spiegelkaleidoskopes erhalten. Hier kannst du am besten das Innenleben dieses geheimnisvollen Instrumentes studieren.

Material:

- Spiegelkaleidoskop
- Tonkarton in Gelb
- Tonpapier in Rot, Grün und Blau
- Transparentpapier
- Bleistift; Lineal; UHU ALLESKLEBER
- Klebestreifen; Gummiringe; Papierschere; Nagelschere; Brieföffner; Cutter; Schneideunterlage

Für die Füllung:

- Kleine durchsichtige Stäbchen aus Plastik
- Tropfenförmige Muggelsteine oder stäbchenförmige, durchsichtige Glasperlen

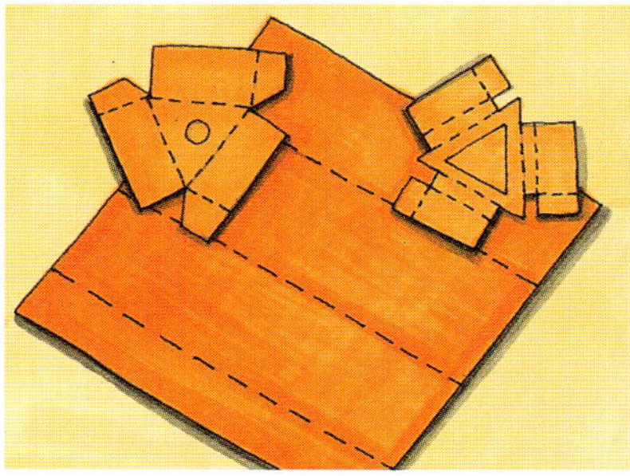

1 Zuerst überträgst du von der Vorlage die Teile für das Gehäuse, das Guckloch und den Füllbehälter auf gelben Tonkarton und schneidest sie aus. Wie du das am besten machst, steht auf Seite 4 bis 6.

2 Als Nächstes ritzt du mit dem Lineal und einer Nagelschere an den Innenseiten der Teile alle gestrichelten Linien vorsichtig ein. Du kannst aber auch einen Brieföffner verwenden.

3 Das Dreieck und das Innere des Füllbehälters überträgst du von der Vorlage auf Transparentpapier und schneidest sie aus. Knicke die Teile an den gestrichelten Linien nach innen um.

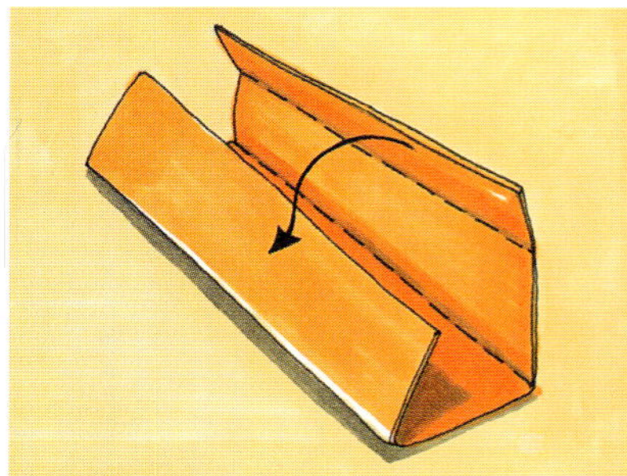

4 Beim Zusammenkleben beginnst du mit dem Gehäuse: Knicke an den Rillungen die Seiten nach innen um. Die drei breiten Seiten bilden ein Dreieck, der schmalere Streifen liegt außen.

5 Wenn die Form stimmt und ein gleichseitiges Dreieck entsteht, trägst du auf den schmalen Streifen Klebstoff auf und klebst ihn am Dreieck fest. Spanne zum Trocknen Gummiringe um das Dreieck.

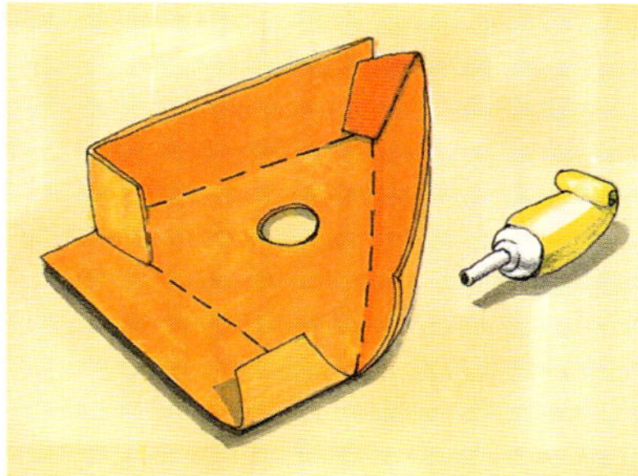

6 Beim Guckloch knickst du zuerst die drei Seitenteile an der Rillung nach oben und die Klebelaschen nach innen. Klebe die Klebelaschen jeweils innen am voranliegenden Seitenteil fest.

Obwohl wir Menschen kein besonders ausgeprägtes Sehvermögen haben, sind wir mit Hilfe unserer technischen Erfindungen fähig, ins Innere unseres Körpers, auf den Grund der Ozeane und in die Unendlichkeit des Weltalls zu schauen.

7 Als Nächstes baust du den Füllbehälter zusammen: Nimm das gelbe Teil und klebe das Dreieck aus Transparentpapier über das herausgeschnittene Dreieck. Lass den Klebstoff trocknen.

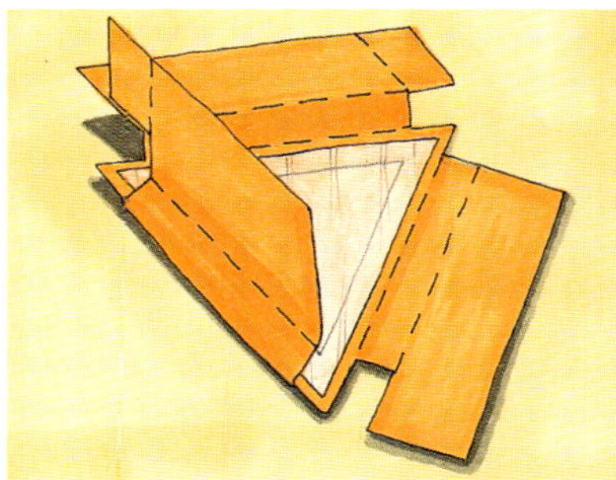

8 Dann knickst du die Seitenteile an den inneren Rillungen zuerst nach innen und an der zweiten Rillung nach außen um. Klebe die schmalen Teile an den drei Seiten auf dem Dreieck fest.

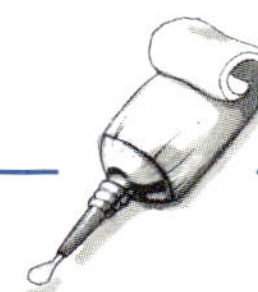

Die Bezeichnung »innen« in der Anleitung meint immer die Seite des Papiers oder des Tonkartons, auf der die Bleistiftlinien sind. Knickst du Falze an den Rillungen nach innen, sind später beim fertigen Kaleidoskop die Bleistiftstriche nicht mehr zu sehen.

Das Kaleidoskop war das beliebteste Spielzeug des 19. Jahrhunderts, und viele Eltern machten sich große Sorgen um ihren Nachwuchs, obwohl sie natürlich selbst auch immer schauten. Die jungen Leute blickten ihrer Meinung nach viel zu oft und viel zu lange durchs Kaleidoskop. Und das sollte angeblich «den Geist verwirren«, also dumm machen. Kommt dir doch irgendwie bekannt vor, oder?

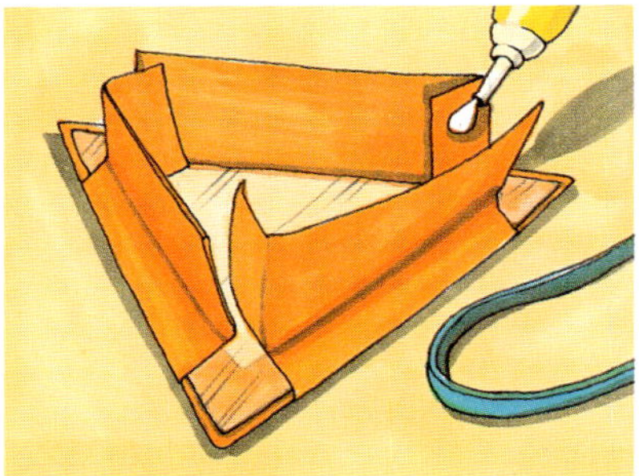

9 Klapp die Seitenteile hoch und die Klebelaschen an den Seitenteilen nach innen. Klebe die Laschen innen am Seitenteil mit UHU fest. Spanne zum Trocknen einen Gummiring um das Dreieck.

10 Klebe nun das Papierteil zusammen: Knicke die Seitenteile nach oben und die Klebelaschen nach innen um. Klebe die Laschen jeweils innen am voranliegenden Seitenteil fest.

11 Nun kannst du in den Füllbehälter aus Transparentpapier kleine durchsichtige Stäbchen aus Plastik, tropfenförmige Muggelsteine oder stäbchenförmige, durchsichtige Glasperlen geben.

12 Stecke dann das Dreieck des Füllbehälters aus Tonkarton über das gefüllte Teil aus Transparentpapier. Arbeite vorsichtig und pass auf, dass die Füllung nicht aus dem Behälter fällt.

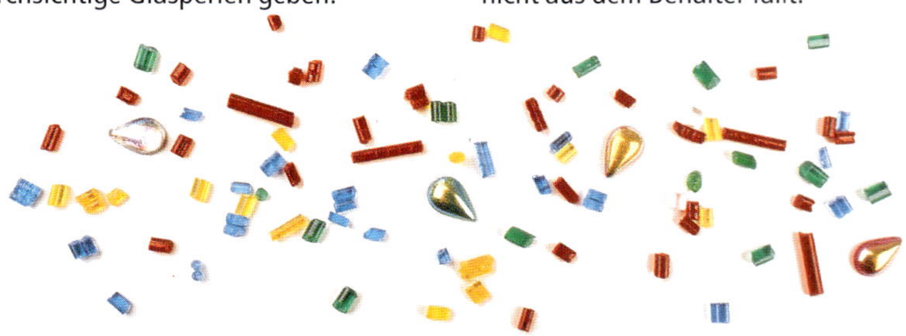

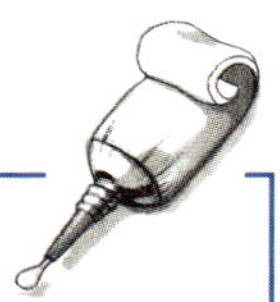

Schneide für die Verzierung manche Tonpapierstreifen etwas kürzer. Wenn du die Streifen kreuz und quer auf das Gehäuse deines Kaleidoskops geklebt hast, sieht das besonders lustig aus.

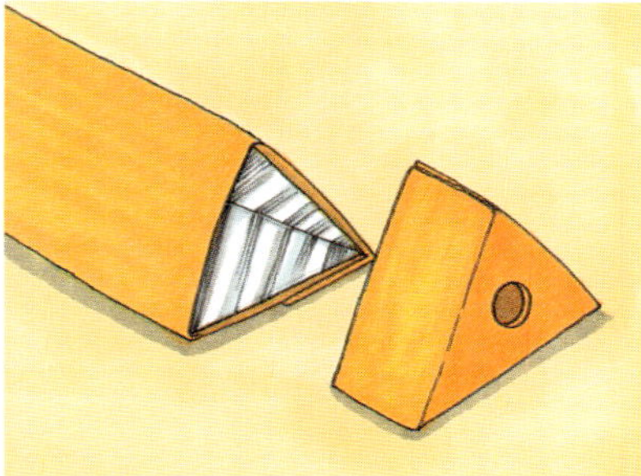

13 Dann steckst du dein Spiegelkaleidoskop in das dreieckige Gehäuse. Vorne steckst du den Füllbehälter in das dreieckige Gehäuse, hinten das Gucklochteil über das Dreieck.

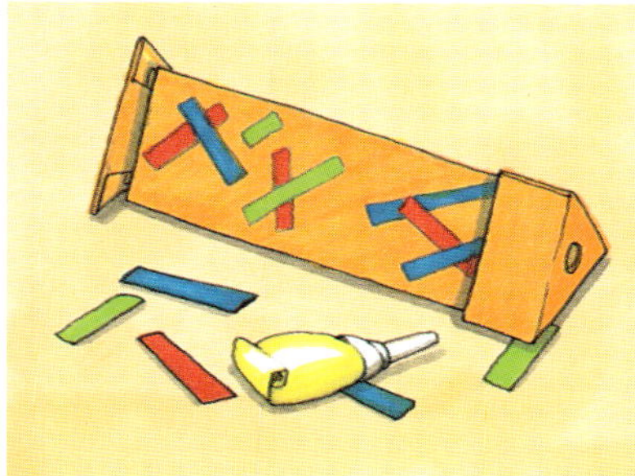

14 Wenn du möchtest, kannst du dein Kaleidoskop nun noch verzieren: Schneide dazu aus Tonpapier Streifen von etwa 4 mm Breite und 4 cm Länge zu und klebe sie kreuz und quer auf das Gehäuse.

Wie sehen wir eigentlich? Unser Auge sammelt Licht aus der Umgebung und formt auf der Netzhaut ein Bild, ungefähr wie das Kameraauge ein Bild auf dem Film formt. Viele Teile der Augen funktionieren auf dieselbe Weise wie die Bestandteile einer Kamera. Die Hornhaut hat eine schützende Funktion. Die Iris entspricht der Blende und reguliert den Lichteinfall durch die Pupille, die eigentlich nur ein Loch ist. Die Augenlinse, das Objektiv, bricht das Licht gegen die Netzhaut. Der Glaskörper formt das Auge und den Abstand zwischen Linse und Netzhaut. Zum Verstehen der empfangenen Bilder leitet schließlich der Sehnerv die Signale ans Gehirn weiter, das sie für uns in ein Bild verwandelt.

Da du den Füllbehälter des Kaleidoskopes lediglich zusammensteckst, kannst du die Füllungen immer wieder wechseln. Besonders schön sehen auch Glasperlen in verschiedenen Rot- und Gelbtönen aus.

Das runde Kaleidoskop

Ab 8 Jahren
unter Anleitung eines Erwachsenen

Bunter Musterregen: Das runde Kaleidoskop kannst du besonders leicht drehen; die Teilchen in deinem Füllbehälter purzeln wild durcheinander und bilden ständig wechselnde Muster. Die Hülle ist aus weißem Tonkarton angefertigt. Du kannst sie später bemalen oder mit einem besonders hübschen Papier überziehen.

Material:

- Spiegelkaleidoskop
- Tonkarton in Weiß
- Seidenpapier
- Geschenkpapier, Naturpapier oder Japanpapier
- Transparentpapier
- Plastikdöschen mit 4 cm Durchmesser
- Bleistift; Lineal; UHU ALLESKLEBER; Klebestreifen; Gummiringe; Papierschere; Nagelschere; Brieföffner; Cutter; Schneideunterlage; Wäscheklammern

Für die Füllung:

- Getrocknete Rosenblätter einer kleinen Rose

1 Zuerst überträgst du von der Vorlage die Teile für das Gehäuse und das Guckloch auf weißen Tonkarton und schneidest sie anschließend aus. Wie du das am besten machst, steht auf Seite 4 bis 6.

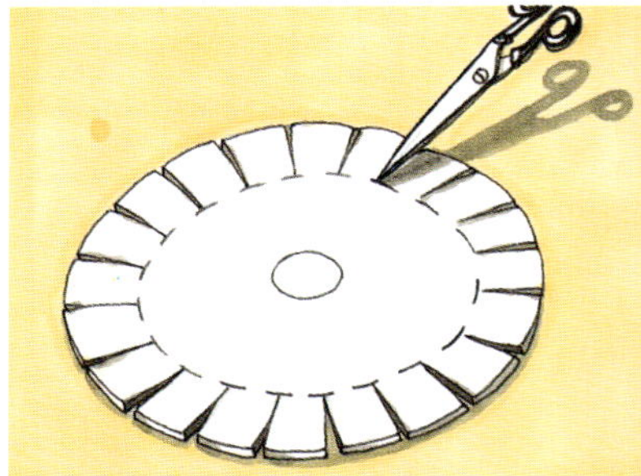

2 Als Nächstes ritzt du mit der Nagelschere oder einem Brieföffner an den Innenseiten des Teiles für das Guckloch die gestrichelten Linien vorsichtig ein. Den Karton nicht durchschneiden.

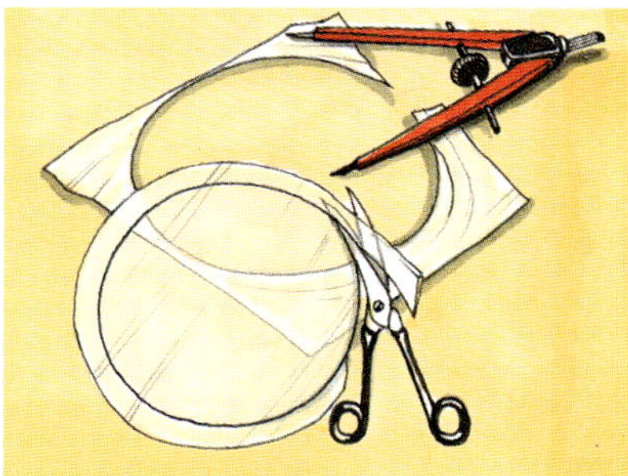

3 Für den Deckel des Füllbehälters ziehst du auf Transparentpapier mit dem Zirkel einen Kreis mit einem Radius von 2 cm. Anschließend schneidest du den Kreis mit der Nagelschere sorgfältig aus.

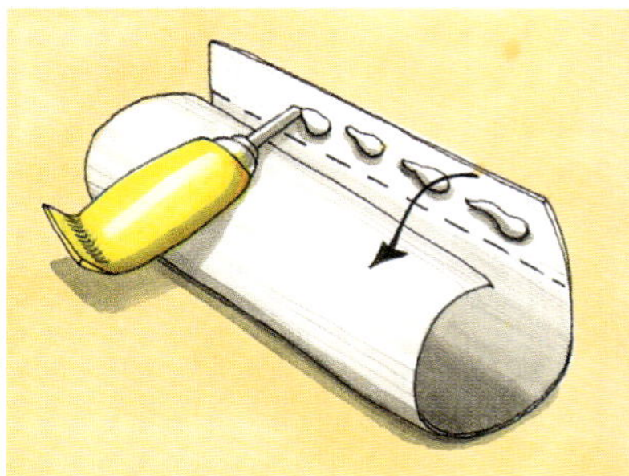

4 Trage auf der Innenseite des Gehäuseteiles an der Klebelasche UHU ALLESKLEBER auf und klebe die Rolle zusammen. Befestige die Klebung noch an den Enden mit zwei Wäscheklammern.

5 Damit der Karton längs der Rolle auch gut festklebt, legst du noch im Abstand von 3 cm einige Gummiringe vorsichtig um die Rolle. Jetzt lässt du die Rolle gut durchtrocknen.

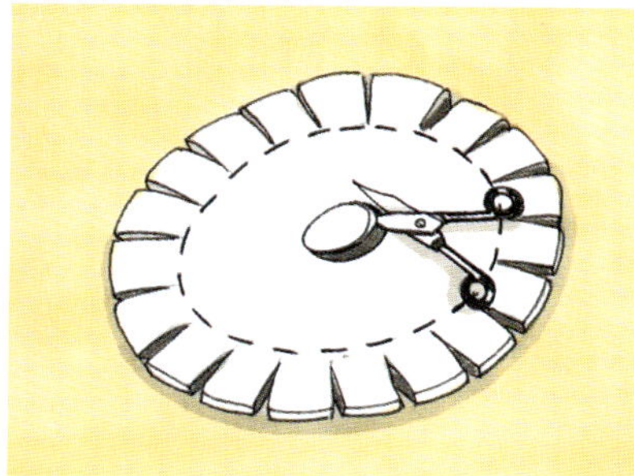

6 Bei dem Teil für das Guckloch schneidest du nun auch den gestrichelten Kreis an der Innenseite vorsichtig mit der Nagelschere heraus. Mach dies besonders sorgfältig und nimm dir dazu Zeit.

Du kannst die Füllung für dieses Kaleidoskop immer wieder leicht wechseln: Dazu die Dose aus der Rolle ziehen, die Dose neu füllen, das Transparentpapier darüber kleben und die verschlossene Dose wieder in die Kaleidoskoprolle stecken.

7 Dann knickst du die Laschen am Rand einmal nach unten und einmal nach oben um. Schneide die Laschen, die nach oben zeigen, vorsichtig mit der Nagelschere an der Kreislinie entlang ab.

8 Wenn das Guckloch in deine Gehäuserolle passt, bestreichst du die Klebelaschen des Guckloches mit UHU ALLESKLEBER und klebst es an einem Ende vorsichtig in die Rolle ein.

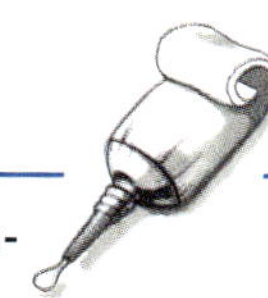

Der feste Tonkarton kann beim Zusammenrollen leicht knicken. Die Rolle wird dann ungleichmäßig und instabil. Um das zu verhindern, ziehst du vor dem Zusammenkleben das Kartonteil für das Gehäuse der Länge nach vorsichtig über eine abgerundete Tischkante. Der Karton rollt sich dann leicht ein.

Die Kaleidoskope, die im letzten Jahrhundert gebaut wurden, waren sehr aufwändig ausgestattet. Sie hatten Handkurbeln zum Drehen der Röhre oder einen anderen Drehmechanismus. Manche standen – ähnlich einem Teleskop – auf lackierten Holzsockeln. Später wurden auch einfachere Varianten angefertigt, bei denen man einfach durch Schütteln die durchsichtigen Teile im Inneren bewegen konnte.

9 Wenn der Klebstoff getrocknet ist, steckst du das Spiegelkaleidoskop in die Rolle. Stecke noch Seidenpapier seitlich der Spiegelwände in die Rolle, damit das Spiegeldreieck fest in der Rolle sitzt.

10 Fülle die Rosenblätter in die Dose und befestige mit mehreren kleinen schmalen Klebestreifen den Transparentpapierkreis als Deckel auf der Dose. Stecke jetzt die gefüllte Dose in die Rolle.

11 Übertrage die Maße für die Kaleidoskophülle auf dein Geschenk-, Natur- oder Japanpapier. Anschließend schneidest du das Rechteck mit der Papierschere sauber aus.

12 Bestreiche die Rückseite des Schmuckpapiers mit UHU und lege es um deine Kaleidoskoprolle. Achte dabei darauf, dass die Kanten des Papiers mit den Kanten der Rolle abschließen.

Das Außen-zeigt-Innen-Kaleidoskop: Gestalte die Verkleidung deines Kaleidoskopes so, dass sie auf den Inhalt hinweist: Wenn du zum Beispiel Blütenblätter in den Füllbehälter gibst, überziehst du das Gehäuse mit einem Papier mit Blumenmotiven. Oder vielleicht hast du noch eine ganz andere Idee? Wirf einen Blick durch dein Kaleidoskop, lass die Formen und Farben auf dich wirken und entwerfe deine eigene Verkleidung: Du kannst sie bemalen, bedrucken, mit dem restlichem Füllungsmaterial bekleben und vieles mehr.

Das sechseckige Kaleidoskop

Ab 10 Jahren unter Anleitung eines Erwachsenen

Material:

Spiegelkaleidoskop
Tonkarton in Blau
Transparentpapier
Ein Stück Plastik von einer Einsteckhülle
Bleistift; Lineal; UHU ALLESKLEBER; Klebestreifen; Gummiringe; Papierschere; Nagelschere; Brieföffner; Cutter; Schneideunterlage; Wäscheklammern
Kochlöffel; Pinsel
Bastelfarben

Für die Füllung:

Seidenpapier in Rot, Gelb und Orange

Kopiere die Vorlagen genau, so passen sie später zusammen.

Leuchtender Blütentraum. Bei diesem Kaleidoskop siehst du ein Muster aus farbenprächtigen Blütenornamenten. Es ist gefüllt mit Schnipseln von rotem, orangefarbenem und gelbem Transparentpapier. Die sechs Ecken des Gehäuses erleichtern das Drehen während des Durchschauens. Dieses Kaleidoskop ist ein Fall für geübte Bastler.

1 Zuerst überträgst du von der Vorlage die Teile für Gehäuse, Guckloch, Füllbehälter und Deckel für den Behälter auf blauen Tonkarton und schneidest sie anschließend aus (siehe Seite 4 bis 6).

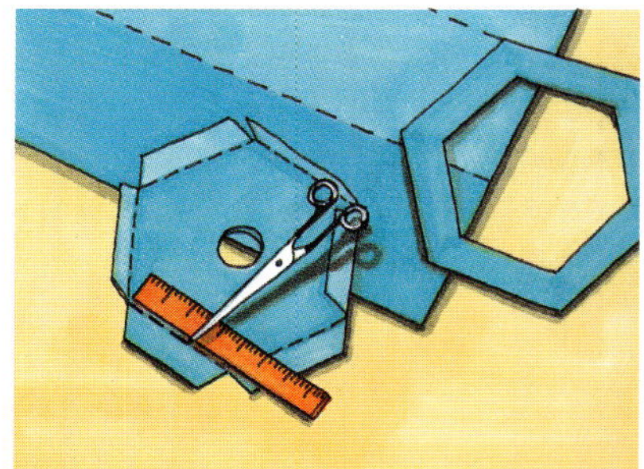

2 Als Nächstes ritzt du mit Lineal und Nagelschere oder Brieföffner an den Innenseiten der Teile alle gestrichelten Linien ein. Schneide den Karton nicht durch!

3 Das Sechseck, mit dem du den Füllbehälter später abdeckst, überträgst du von der Vorlage auf Transparentpapier und auf Plastik. Dann schneidest du beide Sechsecke aus.

4 Zuerst klebst du das Gehäuse zusammen: Knicke an den Rillungen die Seiten nach innen um. Du erhältst sechs Seitenteile. Das schmälere, an den Kanten abgeschrägte Teil ist die Klebelasche.

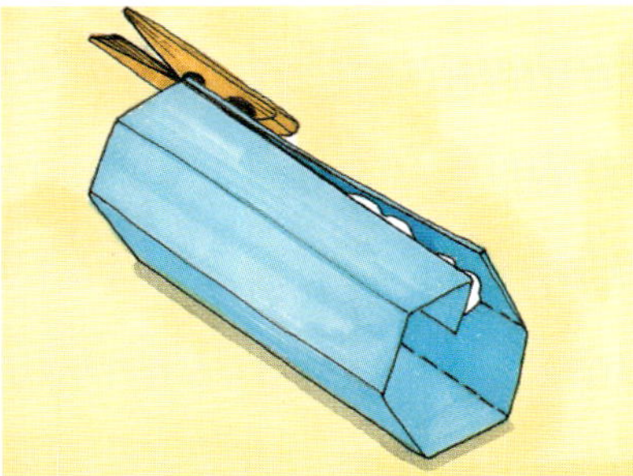

5 Jetzt trägst du auf der Klebelasche UHU auf und klebst sie innen am letzten Seitenteil des Sechseckes fest. Dann sicherst du die Klebung an jedem Ende mit einer Wäscheklammer.

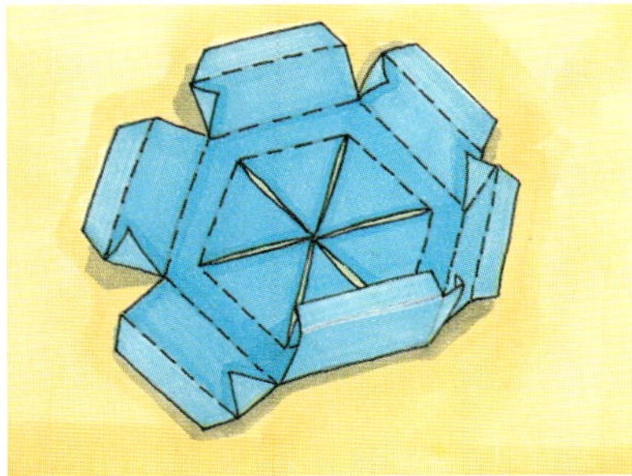

6 Nun baust du den Füllbehälter zusammen: Knicke die äußeren Teile an der ersten Rillung nach oben, an der zweiten nach innen. Die abgeschrägten Klebelaschen knickst du nach innen.

7 Klebe dann innen am Sechseck jeweils eine Lasche am voranliegenden Seitenteil fest. Dann legst du noch einen Gummiring um das Sechseck, bis der Klebstoff getrocknet ist.

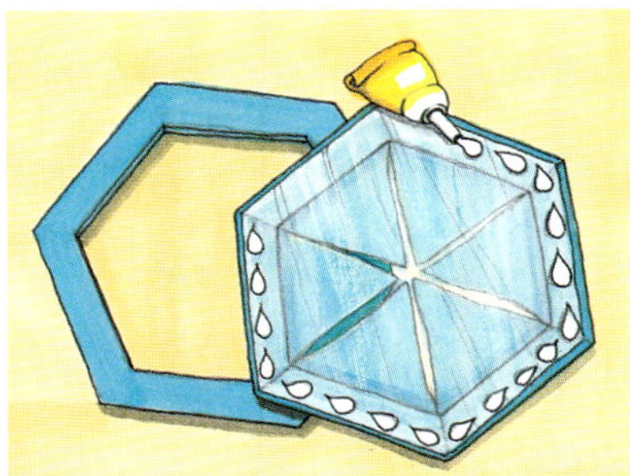

8 Darüber klebst du anschließend zuerst das Sechseck aus Transparentpapier und danach kantengleich den Sechseckrahmen aus blauem Tonpapier. Lass den Klebstoff gut trocknen.

Erinnern dich die Bilder im Kaleidoskop manchmal an etwas, das du so ähnlich schon irgendwo mal gesehen hast? Richtig! Die Symmetrie der Kaleidoskopbilder findet sich auch in der Natur wieder: in der Struktur von Schneekristallen oder in der Anordnung mancher Blüten. Beobachte deine Umgebung einmal genauer: Wo findest du symmetrische, also spiegelbildliche Anordnungen?

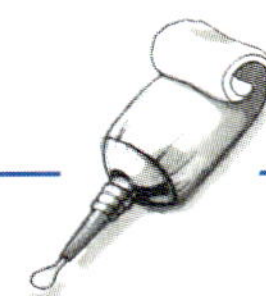

Wenn in der Anleitung von »innen« die Rede ist, dann ist damit immer die Seite des Papiers oder des Tonkartons gemeint, auf der die Bleistiftlinien sind. Knickst du Falze an den Rillungen nach innen, sind später beim fertigen Kaleidoskop die Bleistiftstriche nicht mehr zu sehen.

Besonders reizvoll wird das Bild des Kaleidoskopes, wenn du verschiedene Töne einer Farbe zusammenstellst oder Komplementärfarben verwendest: Das sind Grün und Rot, Gelb und Violett oder Blau und Orange. Sie ergeben einen besonders schönen Kontrast.

9 Als Nächstes bereitest du die Füllung vor: Reiß das farbige Seidenpapier in kleine Schnitzel, die etwa fingernagelgroß sind. Dann drehst du das Füllteil um und klappst die sechs Dreiecke nach oben.

10 Jetzt gibst du so viel von der Füllung in den Behälter, dass die Papierschnitzel frei beweglich sind. Dann legst du das Plastiksechseck darüber; biege es in der Mitte etwas ab.

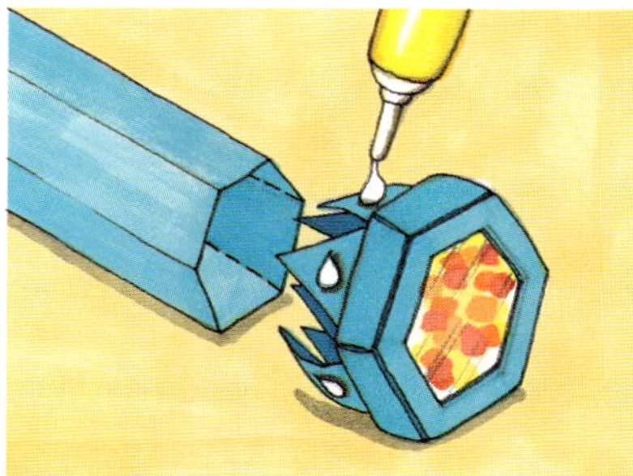

11 Jetzt wird der Füllbehälter eingeklebt: Probiere vorher aus, wie er am besten in das Gehäuse passt. Streiche UHU auf die Dreiecke und schiebe sie in den sechseckigen Behälter.

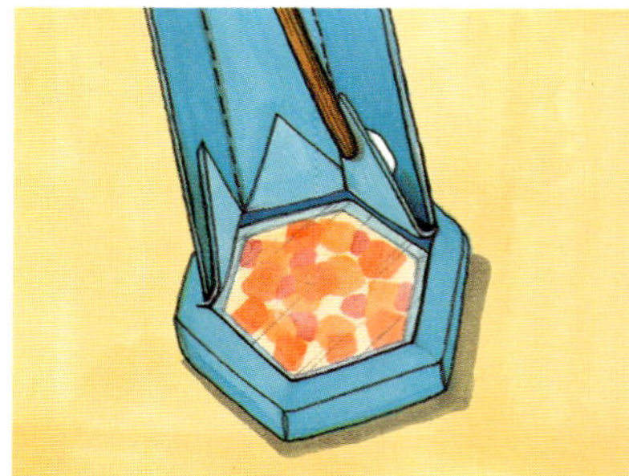

12 Schiebe den Kochlöffelstiel von der anderen Seite in das Gehäuse und drücke die Dreiecke an den Außenwänden fest. Nach dem Trocknen schiebst du das Spiegelkaleidoskop hinein.

Das dreieckige Spiegelkaleidoskop passt genau in das sechseckige Gehäuse: Die drei Ecken des Spiegeldreiecks liegen in jeder zweiten Ecke des Gehäuses.

13 Beim Guckloch knickst du die schmalen Klebelaschen nach oben. Steck zur Probe das Gucklochteil in das Sechseck. Gib Klebstoff auf die Laschen und klebe das Guckloch fest.

14 Verziere jetzt dein Kaleidoskop nach Belieben. Das abgebildete Kaleidoskop wurde mit einem breiten Pinsel mit bunter Bastelfarbe bemalt. Einfache Pinselstriche mit großer Wirkung!

Vermutlich aus Neugier und auch aus seiner Leidenschaft zu spielen heraus hat der Mensch verschiedenste »Guck-Apparate« oder »Skope« (vom griechischen »skopein«, das bedeutet »sehen«) erfunden: das Fernrohr und das Teleskop, um in die Ferne zu schauen, das Mikroskop, um kleine Dinge größer zu sehen. Mit Hilfe des Periskopes kann man aus dem Meer nach oben und mit dem Wassergucker und Bathyskop ins Meer hineinschauen. Durch das Spektroskop erfuhr der Mensch vieles über die Sterne, und die Kamera ermöglicht es uns, Bilder und Ereignisse aufzuzeichnen.

Mit ein paar Pinselstrichen entstehen lustige bunte Farbkleckse für das Gehäuse deines Kaleidoskopes.

Das Zauberkaleidoskop

Ab 9 Jahren unter Anleitung eines Erwachsenen

Bei diesem Kaleidoskop kannst du ein wahres Feuerwerk von Bildern sehen. Die Teilchen im Zauberstab sinken langsam in der Röhre und erzeugen auf deinen Kaleidoskopspiegeln ständig neue interessante Bilder. Mit dem Zauberstab in der Röhre sieht das Kaleidoskop ungewöhnlich und geheimnisvoll aus.

Material:

Spiegelkaleidoskop
Wellpappe in Lila
Tonkarton in Lila
Seidenpapier
Glanzfolie in Grün, Pink, Gold und Silber
Transparentpapier
Bleistift; Lineal; UHU ALLESKLEBER extra; Gummiringe; Papierschere; Nagelschere; Cutter; Schneideunterlage; Wäscheklammern

Für die Füllung:

Zauberstab von etwa 40 cm Länge und etwa 4 cm Durchmesser

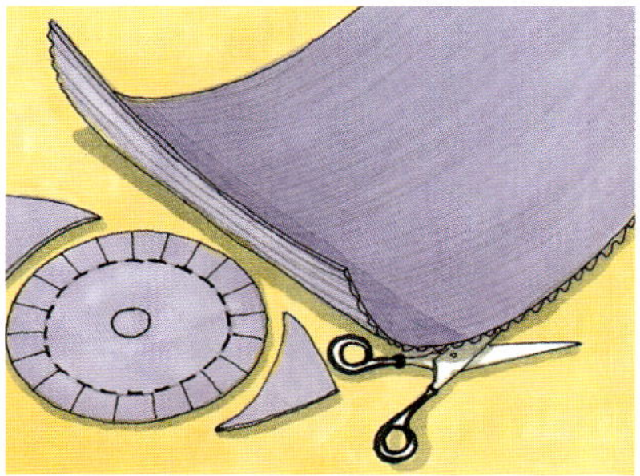

1 Zuerst überträgst du von der Vorlage das Gehäuse auf lilafarbene Wellpappe und das Guckloch auf Tonkarton und schneidest die Teile aus. Wie du das am besten machst, steht auf Seite 4 bis 6.

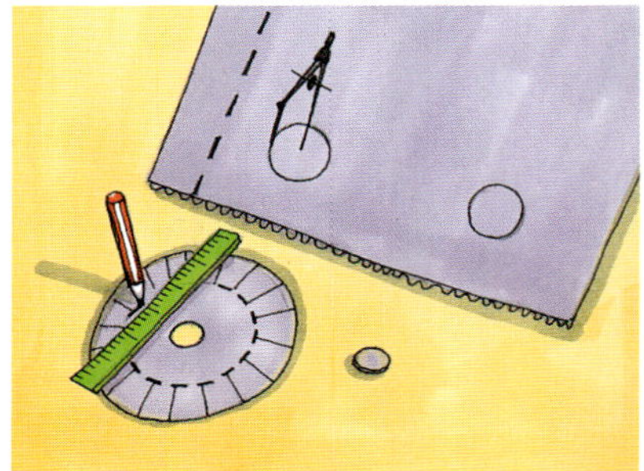

2 Die gestrichelte Linie am Gehäuseteil zeigt dir die Breite der Klebelasche an. Die beiden Kreise mit 2 cm Radius überträgst du mit dem Zirkel auf die Rückseite der Wellpappe.

3 Schneide die Kreise mit der Nagelschere aus. Trage auf der Innenseite des Gehäuseteils an der Klebelasche UHU auf und klebe die Rolle zusammen (Enden mit Wäscheklammern befestigen).

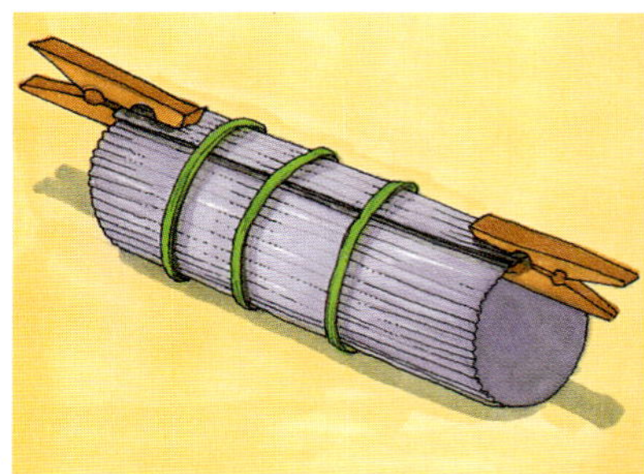

4 Damit der Karton auch gut festklebt, legst du im Abstand von 3 cm Gummiringe um die Rolle. Ritze bei dem Teil für das Guckloch den gestrichelten Kreis an der Innenseite an. Weiter geht's auf Seite 24.

Einfach schauen: der Zauber kommt von ganz allein.

Abrakadabra mit dem Zauberkaleidoskop: Vielleicht findet sich in den Winkeln deines Zimmers ein alter Zauberkasten, den du schon lange einmal wieder hervorkramen wolltest: Die paar Zaubertricks sind im Nu wieder eingeübt, Freunde und Familie um sich versammelt – fertig ist die Zaubervorstellung. Und wer brav zuschaut und applaudiert, darf zum Schluss einen Blick auf die Hauptattraktion, dein Zauberkaleidoskop, werfen. Durchblick natürlich gratis!

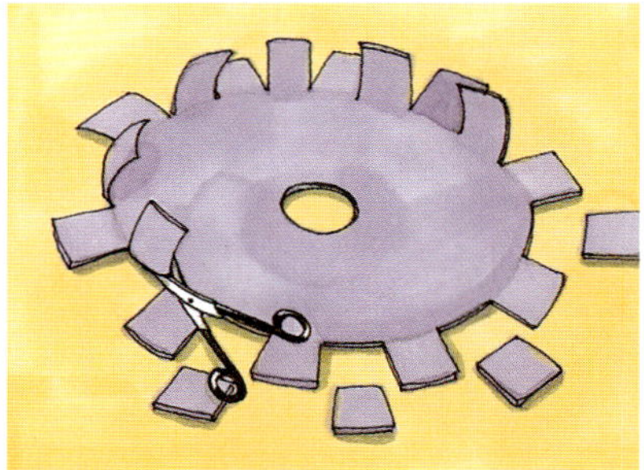

5 Dann knickst du die Laschen am Rand abwechselnd einmal nach unten und einmal nach oben um. Schneide die Laschen, die nach oben zeigen, vorsichtig mit der Nagelschere an der Kreislinie entlang ab.

6 Wenn das Guckloch in deine Gehäuserolle passt, bestreichst du die Klebelaschen des Gucklochs mit UHU ALLESKLEBER extra und klebst es vorsichtig an einem Ende in die Rolle ein.

7 Wenn der Klebstoff getrocknet ist, steckst du das Spiegelkaleidoskop in die Rolle. Stecke Seidenpapier seitlich der Spiegelwände in die Rolle, damit das Spiegeldreieck fest sitzt.

8 Zur Verzierung überträgst du die Motive auf die Glanzfolie, schneidest sie aus und klebst sie auf. Stecke abschließend den Zauberstab vorsichtig durch die beiden Kreise am Rollenende.

Glanzpunkte für innen und außen:
Einen besonderen Reiz erhält dein Kaleidoskop, wenn du das Gehäuse mit den gleichen Motiven verzierst, die auch in der Flüssigkeit des Zauberstabes schweben.

Der Zauberstab sollte an beiden Seiten der Rolle etwa gleich weit herausragen. Er hält auch das Spiegelkaleidoskop im Gehäuse, das so nicht herausfallen kann. Hat dein Zauberstab einen anderen Durchmesser als 4 cm, änderst du einfach die Kreise am Gehäuse entsprechend. Mach einen Probeversuch auf einem Stück Papier. Wenn du den richtigen Durchmesser ermittelt hast, stichst du mit dem Zirkel an den gekennzeichneten Mittelpunkten auf der Rückseite der Wellpappe ein und zeichnest zwei neue Kreise.

Das Wunderkaleidoskop

Bei diesem Kaleidoskop kannst du vorne eine mit bunten Mustern bemalte Plastikscheibe einschieben. Beim Drehen der Scheibe im Gehäuse erzeugen die Kaleidoskopspiegel immer wieder verschiedene symmetrische Bilder. Bemale die Plastikscheiben mit bunten geometrischen Mustern oder schönen Mandalas.

Ab 9 Jahren unter Anleitung eines Erwachsenen

Material:

Spiegelkaleidoskop

Wellpappe in Rot oder Tonkarton in Gelb

Seidenpapier in Rot oder Gelb; Transparentpapier; Bleistift; Lineal; UHU ALLESKLEBER; Gummiringe; Papierschere; Brieföffner; Nagelschere; Cutter; Schneideunterlage; Wäscheklammern; breiter Pinsel; bunte oder goldfarbene Bastelfarben

Für die Füllung:

Ein Stück Plastik von einer alten Einsteckhülle

Wasserfeste Filzstifte in fünf unterschiedlichen Farben

1 Zuerst überträgst du von der Vorlage die Teile für das Gehäuse und das Guckloch auf Tonkarton oder Wellpappe und schneidest sie aus. Wie du das am besten machst, steht auf Seite 4 bis 6.

2 Übertrage auch die Markierung für den Schlitz und schneide ihn ebenfalls aus. Dann rollst du das Gehäuse zusammen und klebst die Klebelasche innen an der Rolle fest.

3 Befestige die Klebung an den Enden mit zwei Wäscheklammern. Damit der Karton auch in der ganzen Länge gut festklebt, legst du noch im Abstand von 3 cm Gummiringe um die Rolle.

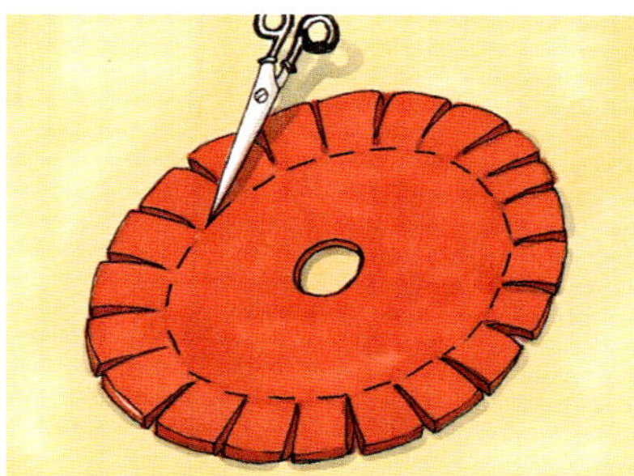

4 Bei dem Teil für das Guckloch ritzt du auch den gestrichelten Kreis an der Innenseite mit der Nagelschere oder dem Brieföffner an. Ritze nicht zu tief, damit der Karton nicht reißt.

Für die Scheiben eignen sich Einsteckhüllen aus festem Plastik.

Die Plastikscheiben kannst du ganz frei bemalen, Pflanzenmotive oder geometrische Figuren aufzeichnen oder dir dein Lieblingsmandala aus einem Mandalamalbuch auswählen. Mandalas sind ähnlich wie Kaleidoskopbilder symmetrisch, also spiegelbildlich angeordnet. Einmal genauer betrachtet, wird dir schnell deutlich, worin ihre Ähnlichkeit besteht. Die optische Wirkung dieser Kombination wird dich staunen lassen!

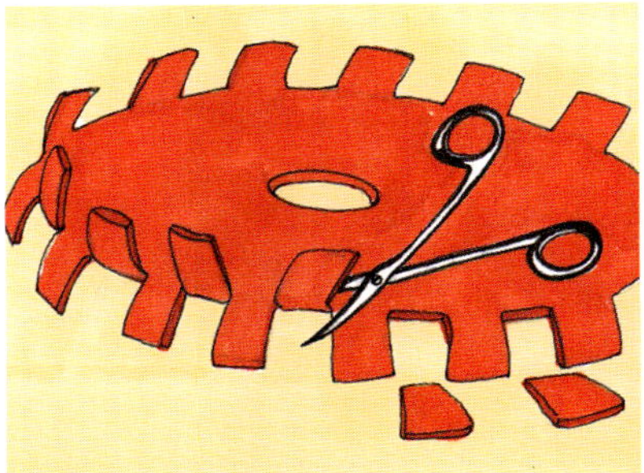

5 Dann knickst du die Laschen am Rand abwechselnd nach unten und nach oben um. Schneide die Laschen, die nach oben zeigen, vorsichtig mit der Nagelschere an der Kreislinie entlang ab.

6 Wenn das Guckloch in deine Gehäuserolle passt, bestreichst du die Klebelaschen mit UHU ALLESKLEBER und klebst das Guckloch an einem Ende vorsichtig in die Gehäuserolle ein.

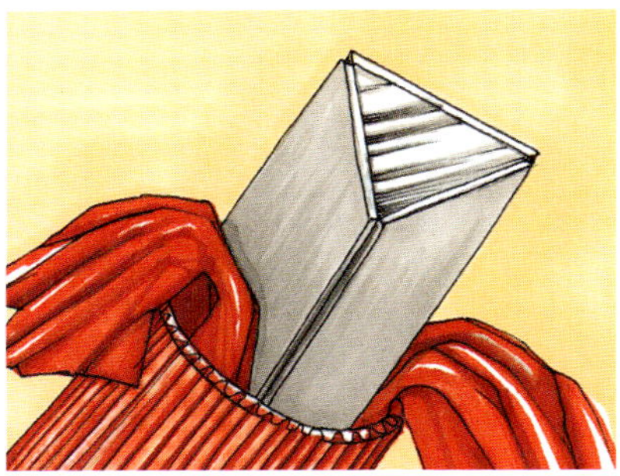

7 Wenn der Klebstoff getrocknet ist, steckst du das Spiegelkaleidoskop in die Rolle. Stecke noch Seidenpapier seitlich der Spiegelwände in die Rolle, damit das Spiegeldreieck fest in der Rolle sitzt.

8 Als Nächstes schneidest du aus Tonkarton einen Kreis mit 7,5 cm Durchmesser aus. Diesen Kreis legst du auf das Plastik und schneidest entlang der Kreislinie des Tonkartons den Plastikkreis aus.

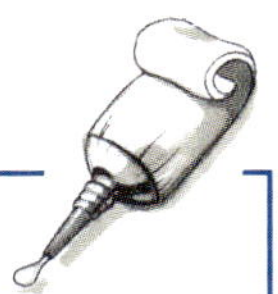

Wellpappe lässt sich leicht zu einer Rolle zusammenkleben und ist daher besonders gut für dieses Kaleidoskop geeignet. Damit der Tonkarton beim Zusammenrollen keine Knicke bekommt, ziehst du ihn vor dem Zusammenkleben vorsichtig über eine abgerundete Tischkante.

9 Male den Kartonkreis an. Wenn dir das Muster gefällt, überträgst du es mit wasserfesten Filzstiften auf die Plastikscheibe. Lege dazu den Kreis auf die Musterscheibe und zeichne das Muster ab.

10 Zum Schluss verzierst du noch das Gehäuse deines Kaleidoskopes nach Belieben: Bemale es mit einem breiten Pinsel und bunten oder goldfarbenen Bastelfarben mit einfachen Motiven.

Die Plastikscheibe wird einfach in den Schlitz vorne am Kaleidoskop gesteckt. Beim Drehen der Scheibe entstehen über die Spiegelung verschiedenste symmetrische Bilder. Wenn du gleich zwei Plastikscheiben gleichzeitig in den Schlitz des Kaleidoskopes einschiebst, entstehen wieder ganz andere Bilder als mit den einzelnen beiden Scheiben. Lass dich überraschen!

Am besten fertigst du gleich einige Plastikscheiben an, so wird dir das »Schönbilderschauen« nicht langweilig.

Das Drehkaleidoskop

Ab 9 Jahren unter Anleitung eines Erwachsenen

Dieses Kaleidoskop mit seinem drehbaren Aufsatz ist eines der beliebtesten optischen Spielzeuge. Mit einer Hand hältst du das Kaleidoskop, während die andere Hand das Vorderstück dreht. Alles klar? Dann kannst du dich fortan sozusagen »im Handumdrehen« durch die gespiegelte Spiegelwelt des Universums drehen.

Material:

Spiegelkaleidoskop
Wellpappe in Rot
Seidenpapier
Goldene Farbe; Pinsel
Transparentpapier
Plastikdöschen mit 4 cm Durchmesser
Bleistift; Lineal; UHU ALLESKLEBER; Klebestreifen; Gummiringe; Papierschere; Nagelschere; Brieföffner; Cutter; Schneideunterlage; Wäscheklammern

Für die Füllung:

Glasperlen oder Glitter und Goldsternchen

1 Zuerst überträgst du von der Vorlage die Teile für das Gehäuse und das Guckloch auf die Rückseite der Wellpappe und schneidest sie aus. Wie du das am besten machst, steht auf Seite 4 bis 6.

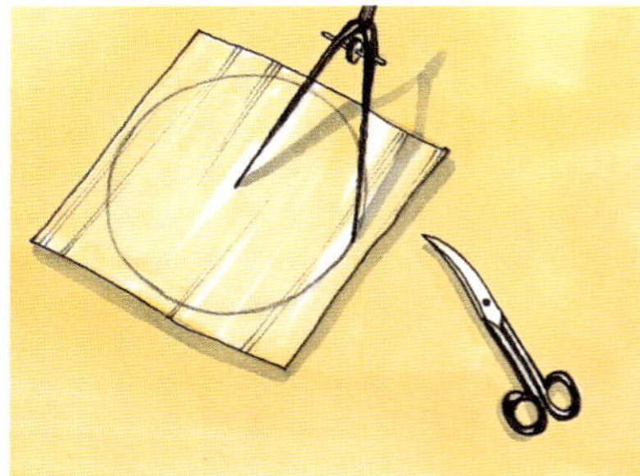

2 Für den Deckel des Füllbehälters ziehst du auf Transparentpapier mit dem Zirkel einen Kreis von 2 cm Durchmesser. Schneide den Kreis mit der Nagelschere sorgfältig aus.

3 Jetzt verzierst du das größere Gehäuseteil auf der Rückseite der Wellpappe: Male dazu mit Pinsel und Goldfarbe die Motive, die du auf dem Bild siehst, oder Ähnliches auf.

4 Dann trägst du beim größeren Gehäuseteil auf die glatte Seite an der Klebelasche UHU auf und klebst die Rolle zusammen. Befestige die Klebung an den Enden mit Wäscheklammern.

Durch die Wellungen der Pappe hält das Drehteil im Gehäuse.

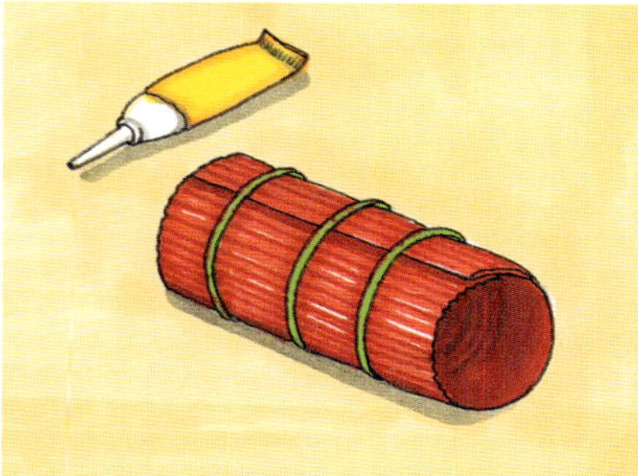

5 Als Nächstes klebst du das kleinere Gehäuseteil mit der gewellten Seite nach außen zu einer Rolle zusammen. Lege noch im Abstand von 3 cm einige Gummiringe um die Rolle.

6 Bei dem Teil für das Guckloch ritzt du mit Nagelschere oder Brieföffner entlang dem gestrichelten Kreis. Dann knickst du die Laschen am Rand einmal nach unten und einmal nach oben um.

7 Schneide die Laschen, die nach oben zeigen, mit der Nagelschere an der Kreislinie entlang ab. Klebe das Guckloch an den Klebelaschen an einem Ende in die große Rolle ein.

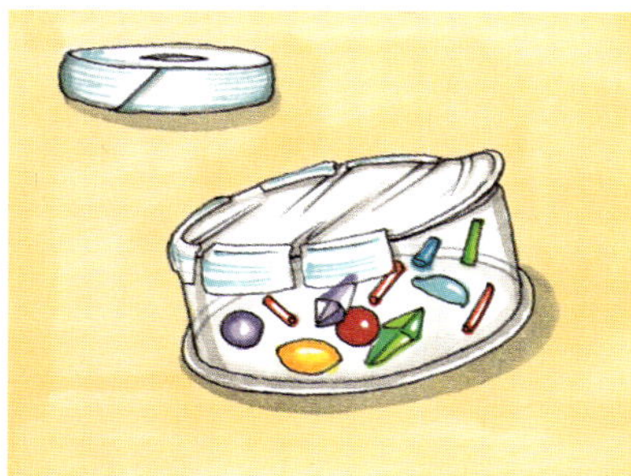

8 Fülle die Glasperlen oder den Glitter und die Sternchen in die Dose und befestige mit mehreren kleinen schmalen Klebestreifen den Transparentpapierkreis als Deckel auf der Dose.

Regenbogen haben die Menschen seit Anbeginn der Zeiten fasziniert. Wir freuen uns immer noch, wenn wir einen sehen. Wie wär's mit einem Regenbogenkaleidoskop? Suche für die Füllung kleine durchsichtige Perlen oder Plastikstäbchen in den sieben Farben des Regenbogens (auch Spektralfarben genannt): Rot, Orange, Gelb, Grün, Blau, Indigo (Blauviolett) und Violett. Die Farben harmonieren miteinander und lassen wunderschöne Bilder im Kaleidoskop entstehen.

Du kannst die Füllung für dein Kaleidoskop immer wieder leicht wechseln: Ziehe dazu die Dose aus der Rolle, fülle sie neu, klebe das Transparentpapier darüber und stecke die Dose wieder in die Kaleidoskoprolle. Gib jedoch immer nur so viel von der Füllung in die Dose, dass die Teilchen frei beweglich sind.

Die Bilder, die wir durch unser Kaleidoskop sehen, bestehen aus sichtbarem Licht. Wie wir ja wissen, reflektieren die Spiegel unseres Kaleidoskopes dieses Licht. Das Wort »reflektieren« kommt aus dem Lateinischen und bedeutet »zurückwerfen«. Das Gegenteil davon ist das Wort »absorbieren« (»aufsaugen«). Spiegel und blanke Metallflächen reflektieren Licht am besten. Eine Erdbeere zum Beispiel reflektiert nur die rote Farbe. Alle Gegenstände reflektieren mehr oder weniger Licht. Sonst wären sie für uns unsichtbar.

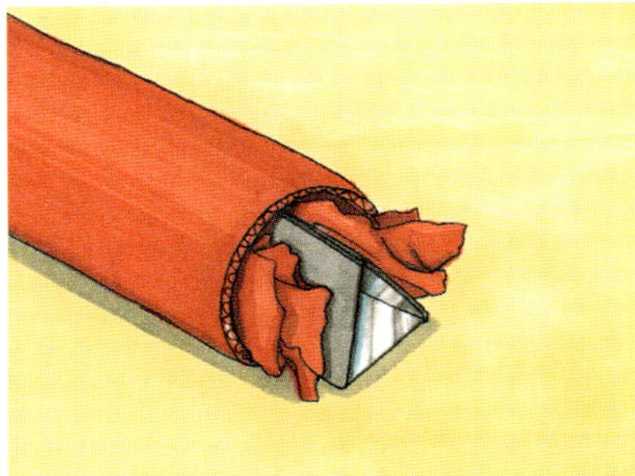

9 Steck das Spiegelkaleidoskop in die lange Rolle und fülle diese außen um das Kaleidoskop herum gut mit Seidenpapier aus, damit das Spiegelkaleidoskop auch richtig fest sitzt.

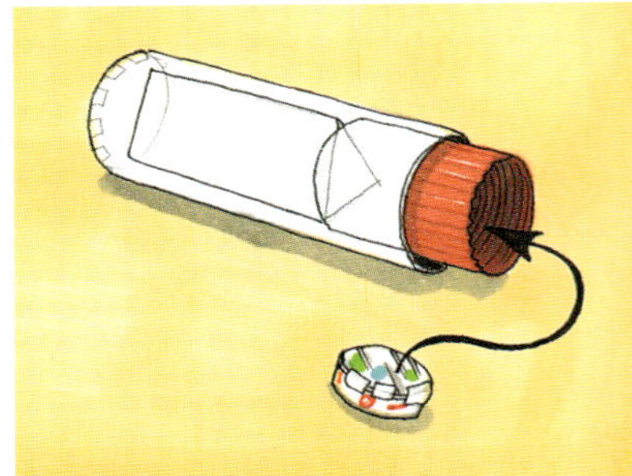

10 Jetzt steckst du die kleine Rolle so weit in die große, bis sie ganz leicht am Spiegel anstößt. Zum Schluss fügst du vorne in die kleine Rolle die mit Transparentpapier verschlossene Dose ein.

Verzierungen mit goldener Farbe passen gut zum goldfarbenen Inhalt des Drehkaleidoskops.

Kleine Spiegelexperimente

1 Das Spiegelbild ist das Bild, von dem man glaubt, so sähe man aus. Stimmt aber nicht! Eigentlich ist es seitenverkehrt. Das heißt, dein rechtes Auge sitzt links und umgekehrt. Wie du wirklich für andere aussiehst, erfährst du erst mit Hilfe eines zweiten Spiegels, der in einem Winkel von 90 Grad zum ersten Spiegel steht. Am besten besorgst du dir zwei gleich große Spiegel. Klebe sie mit einem Klebestreifen auf der Rückseite zusammen. Stell sie vor dir im Winkel von 90 Grad auf. Wenn du dich jetzt genau in der Fuge betrachtest, kannst du dich endlich einmal so sehen, wie alle anderen dich sehen.

2 Ein weiteres Experiment: Leg einen Bleistift mit der Spitze in die Fuge zwischen die beiden Spiegelhälften und bewege sie langsam aufeinander zu. Je näher sich die Spiegelhälften kommen und je kleiner der Winkel wird, um so mehr Bleistifte wirst du sehen, das heißt, um so häufiger reflektieren die Spiegel das Spiegelbild des Bleistiftes.

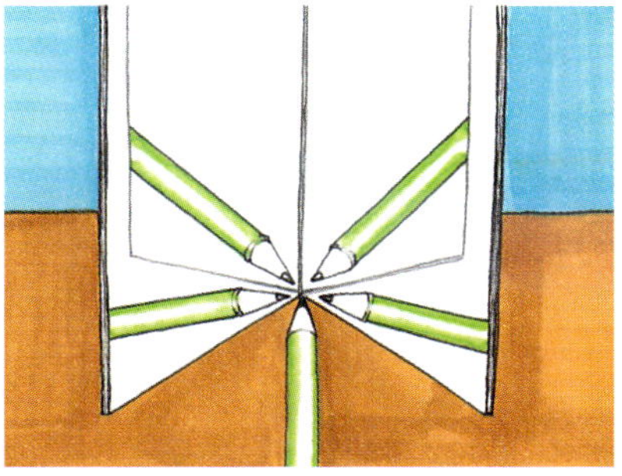

3 Hänge einen Spiegel vor dir auf und halte einen kleineren so, dass die Spiegelflächen genau aufeinander gerichtet sind. Halte den Spiegel in deiner Hand genau zwischen deine Augen. Schau jetzt in den Spiegel gegenüber. Wenn du die beiden Spiegel gerade voreinander hältst, dann siehst du dich selbst in unendlicher Wiederholung.

Welch verblüffende Effekte mit zwei Spiegeln entstehen können, zeigen dir unsere kleinen Spiegelexperimente. Sie greifen das Grundprinzip des Kaleidoskopes auf, das du ja schon kennst: die Mehrfachspiegelung. Ja, Experimente zu machen, ist die beste Möglichkeit, etwas kennen und verstehen zu lernen und – du wirst sehen – auch noch jede Menge Spaß dabei zu haben.

Über die Autorin

Lena Wellnhofer ist seit vielen Jahren als Autorin und Redakteurin tätig. Neben zahlreichen Artikeln zum Thema Handarbeiten, Hobby und Heimwerken hat sie bereits mehrere Sachbücher für Kinder veröffentlicht.

Bildnachweis

Alle Fotos stammen von Claudia Rehm und Achim Sass, Stockdorf/München, mit Ausnahme von: Archiv für Kunst und Geschichte, Berlin: 3 li.; Kaleido Productions - Günther Schöll, Stockdorf/München: 2; Werkhaus Design + Produktion GmbH, Suhlendorf: 3 re. oben

Hinweis

Das vorliegende Buch ist sorgfältig erarbeitet worden. Dennoch erfolgen alle Angaben ohne Gewähr. Weder Autorin noch Verlag können für eventuelle Fehler oder Schäden, die aus den im Buch gegebenen praktischen Hinweisen resultieren, eine Haftung übernehmen.

Weitere Bausätze und fertige Kaleidoskope in unterschiedlichen Ausführungen sind erhältlich bei:
WERKHAUS GmbH
29562 Suhlendorf
Tel. 01 80–5 67 35 40
Fax 0 58 04–9 88 55

Impressum

Der Südwest Verlag ist ein Unternehmen der Verlagshaus Goethestraße GmbH & Co. KG.

Redaktion:
Elisabeth Hammerl
Projektleitung:
Sylvia Wohofsky
Redaktionsleitung:
Nina Andres
Bildredaktion:
Beate Wagner
Umschlag/Layout:
Manuela Hutschenreiter
DTP/Satz:
Mihriye Yücel
Produktion:
Manfred Metzger (Leitung)
Annette Aatz,
Dr. Erika Weigele-Ismael
Druck: Color-Offset, München
Bindung: R. Oldenbourg, München
Printed in Germany

Gedruckt auf chlor- und säurearmem Papier

ISBN 3-517-06016-X